Texte : Geneviève Boyer et Nancy Boucher
Illustrations : Isabelle Charbonneau

Mon premier livre de philo

À tous les parents, enseignants et éducateurs qui pensent que même lorsqu'on est petit, on peut changer le monde. N.B. / G.B.

Dominique et compagnie

Mot aux parents et aux éducateurs

Ce livre vous propose de petits ateliers visant à stimuler la pensée et les réflexions des enfants. Ces exercices ont pour but de :

- les sensibiliser à toutes les dimensions de leur personne ;
- les aider à développer leur jugement critique ;
- favoriser leur autonomie de pensée ; et
- les préparer à devenir des citoyens responsables.

Mon premier livre de philo vous permettra ainsi d'accompagner vos enfants dans leur développement physique, intellectuel, affectif, moral et social.

La philosophie a pour seule mission d'orienter nos réflexions. Cet ouvrage n'est donc pas conçu pour apporter des réponses aux questionnements des enfants, mais bien pour leur apprendre à se questionner et à échanger, afin d'arriver à établir leurs propres valeurs, et ce, à partir de leurs expériences et de leurs réflexions.

Ce livre est divisé en trois sections représentant les trois principaux champs d'intérêt de la philosophie, soit **le corps, le cœur et l'esprit.** Ces trois éléments serviront de base aux ateliers.

Préparation aux ateliers

Mot à l'enfant

Être philosophe, ça signifie « être un ami de la sagesse ». Attention ! Faire preuve de sagesse ne veut pas dire « être sage » dans le sens de « être obéissant ». Faire preuve de sagesse signifie ne pas agir sans réfléchir.

Pour être philosophe, il faut simplement :

- une tête pour penser ;
- un cœur pour ressentir ; et
- un corps pour exister.

Tu ne le sais peut-être pas encore, mais tu connais déjà plusieurs philosophes dans ton entourage : tes parents, tes grands-parents, tes amis, tes enseignants… Tout le monde peut philosopher ! Pour Socrate, le père de la philosophie, le premier travail d'un philosophe est de reconnaître… qu'il ne sait rien ! Ainsi, on reconnaît nos propres limites et on reconnaît que notre corps, nos sentiments, notre mode de vie et notre environnement influencent notre façon de voir les autres et d'interpréter les choses.

Par exemple, si tu étais une souris, tu trouverais sûrement les chats moins mignons et moins gentils, n'est-ce pas ?

Pour devenir un ami de la sagesse,
tu dois apprendre à te connaître toi-même.

Cela signifie que tu dois apprendre :

- à réfléchir sur qui tu es et sur ce que tu souhaites devenir ;
- à te poser des questions sans toujours trouver de réponses ;
- à comprendre ce que te dicte ton cœur ;
- à écouter ton corps ;
- à devenir une meilleure personne.

C'est un travail difficile, et comme tu deviens
une nouvelle personne chaque jour de ta vie,
il est souvent à recommencer.
Courage ! Même si cela ne te semble pas facile,
tu verras que tes efforts seront récompensés
et qu'ils t'aideront à cultiver l'art du bonheur !

Conseils à l'adulte

La philosophie est une activité qui nous permet de progresser uniquement à travers le dialogue et les échanges. Après tout, c'est essentiellement au moyen du contact avec nos semblables que nous apprenons à devenir de meilleures personnes. Ce livre est donc conçu pour inciter les parents, les éducateurs et les enfants à partager des moments agréables.

Pour ce faire, il est essentiel :

- d'instaurer un climat qui favorisera la communication entre les individus ;
- de choisir un endroit paisible et propice aux échanges ;
- de s'assurer que l'enfant qui s'exprime a l'attention de tous les participants. L'enfant doit avoir envie de partager ses réflexions avec les autres, et pour ce faire, il doit sentir que ce qu'il dit est pris en compte ;
- de rester ouvert à la discussion et aux différents avis, et de ne jamais poser de jugement sur les propos tenus ou les réponses données.

Vive le dialogue !

Dialoguer, ça veut dire « avoir des échanges avec quelqu'un ».
Quand tu dialogues, tu t'exprimes, tu dis ce que tu penses et ce que tu ressens, mais tu écoutes aussi ce que l'autre a à dire.
Faisons un essai en dialoguant ensemble au sujet de l'amitié.

Parle-moi des amis avec lesquels tu préfères jouer et explique-moi pourquoi. Ce sera ensuite à mon tour de m'exprimer, et tu m'écouteras.
Ce petit exercice nous permettra de mieux nous connaître.

Pour mieux dialoguer, il faut donc apprendre :

- à s'exprimer ;
- à écouter son cœur ; et
- à écouter les autres.

J'APPRENDS À M'EXPRIMER

J'ai quelque chose à dire ! Écoute-moi !

Pour dialoguer, il faut d'abord savoir s'exprimer. On peut s'exprimer avec des mots, grâce à la parole, mais savais-tu qu'on peut aussi communiquer ses besoins, ses sentiments ou ses états d'âme avec d'autres parties de son corps ?

Si tu envoies la **main** à un ami, que souhaites-tu exprimer ?

Si ton éducatrice ou ton enseignante fronce les **sourcils** en te regardant droit dans les yeux, que veut-elle te dire ?

Si un bébé de quelques mois pleure très fort, qu'essaie-t-il d'exprimer, selon toi ?

Si ton grand frère donne un coup de **poing** sur la table, quelle émotion exprime-t-il ?

Si ta grand-maman te fait un clin d'**œil** ou un gros câlin, que te communique-t-elle ?

As-tu d'autres exemples à donner ?

Comme tu le vois, on peut donc s'exprimer avec plusieurs parties de son corps.

Maintenant, sans dire un mot,
montre-moi plusieurs façons de t'exprimer :

- quand tu es content ;
- quand tu es en colère ;
- quand tu es triste ;

- quand tu as peur ;

- quand tu es surpris ;

- quand tu es déçu.

Selon toi, est-ce que les animaux sont capables de s'exprimer et de communiquer, eux aussi ?

Que fera ton chien pour te manifester qu'il est très content ?

Comment ton chat peut-il te signifier qu'il veut des câlins ou qu'il a faim ?

Et si une maman ourse ne veut pas que tu t'approches de ses oursons, comment te le dira-t-elle ?

J'APPRENDS À ÉCOUTER MON CŒUR

C'est mon secret ! Je ne veux pas en parler.

Même s'il existe mille et une façons de t'exprimer, il peut parfois arriver que tu n'aies pas envie de partager certaines pensées ou certains sentiments avec tes parents ou tes amis. C'est normal, et tu as le droit d'avoir ton jardin secret. Mais tu dois rester prudent.

Connais-tu la différence entre un bon et un mauvais secret ?

Si un secret te rend triste, c'est peut-être parce que ce n'est pas un bon secret.

D'après toi, les secrets suivants sont-ils
de bons ou de mauvais secrets ?

- Ton amie Amélie te dit qu'elle joue avec des allumettes qu'elle garde dans sa chambre.

- Ton cousin Philippe te confie qu'il a acheté une cravate en cadeau à son père.

- Ton amie Julie te dit que le soir, elle reste souvent seule à la maison et qu'elle a peur.

- Ta tante te confie qu'à la fin de l'année scolaire, elle va emmener sa fille en voyage, mais qu'elle ne lui a pas encore annoncé la surprise.

- Ton petit frère a caché une grenouille dans le tiroir de sa chambre, et il te demande de garder le secret.

Écoute toujours ton cœur. Lorsqu'une pensée te rend triste, tu peux la partager avec quelqu'un que tu aimes et en qui tu as confiance. C'est un excellent remède pour retrouver le sourire.

Je comprends comment tu te sens

Quand tu échanges avec quelqu'un et que tu utilises ton imagination pour te mettre à sa place et tenter de comprendre ce qu'il ressent, tu fais preuve d'**empathie**. L'empathie est donc la capacité à imaginer ce qui se passe dans le cœur de l'autre. C'est un outil qui permet de mieux comprendre ce que l'autre essaie de dire.

C'est ton empathie qui te permet :

- d'être heureux pour ton ami Alexandre qui vient de gagner son tournoi de hockey;

- d'être triste pour ton amie Juliette qui s'est blessée en tombant de la balançoire.

- Ton ami François vient de perdre son grand-papa dont il était très proche. D'après toi, que ressent-il ?

- Comment s'est senti ton ami Hugo au moment où il a reçu sa belle bicyclette bleue en cadeau ?

- Ta petite sœur a perdu sa poupée préférée depuis deux jours. Qu'est-ce que ça lui fait vivre, selon toi ?

- Guillaume a dit à ses parents que son petit frère Arnaud avait triché, alors que c'est faux. Comment Arnaud se sent-il, selon toi ?

- Les parents de ton meilleur ami viennent d'apprendre qu'ils ont gagné un voyage dans le Sud. Comment vivent-ils cette annonce, à ton avis ?

- Ta cousine vient d'apprendre qu'elle doit rapporter le chaton qu'elle vient d'adopter à l'animalerie, car sa sœur y est allergique. Peux-tu imaginer ce qu'elle ressent ?

J'APPRENDS À ÉCOUTER LES AUTRES

Parle-moi !

Pour réussir à bien dialoguer, il faut apprendre non seulement à s'exprimer ; mais aussi à écouter.

Quelles sont les personnes que tu aimes bien écouter parler et avec qui tu as du plaisir à discuter ? Crois-tu que seules tes oreilles te permettent d'être à l'écoute des autres ?

Tu peux écouter avec tes oreilles, bien sûr, mais savais-tu que tes yeux peuvent aussi t'aider à comprendre ce que l'autre a à te dire ?

Si ton amie Sophie vient vers toi en pleurant, que comprendras-tu ?

Si ton petit frère de 1 an
te tend les deux bras
en souriant, que te dit-il ?

Si une nouvelle enfant
de la garderie ou de l'école
s'approche de toi en souriant,
qu'en déduis-tu ?

Si ton ami te dit
que ça ne lui fait
rien de ne pas être
invité à ta fête, mais
que son regard est
triste ou fâché, que
comprends-tu ?

Pour bien écouter, tu dois utiliser tes oreilles, mais aussi apprendre à tes yeux à regarder la personne qui s'adresse à toi. Tout ton corps doit être attentif à elle. Quand tu dialogues, n'oublie jamais que les personnes que tu écoutes ont des opinions et des pensées, mais aussi des sentiments. Il faut donc respecter ce qu'elles expriment même si tu ne partages pas leur avis.

Autres activités amusantes

- Jouer aux mimes pour apprendre à l'enfant à transmettre un message en silence à son parent ou à son éducateur.

- Jouer au jeu du téléphone pour habituer l’enfant à s’exprimer et à écouter.

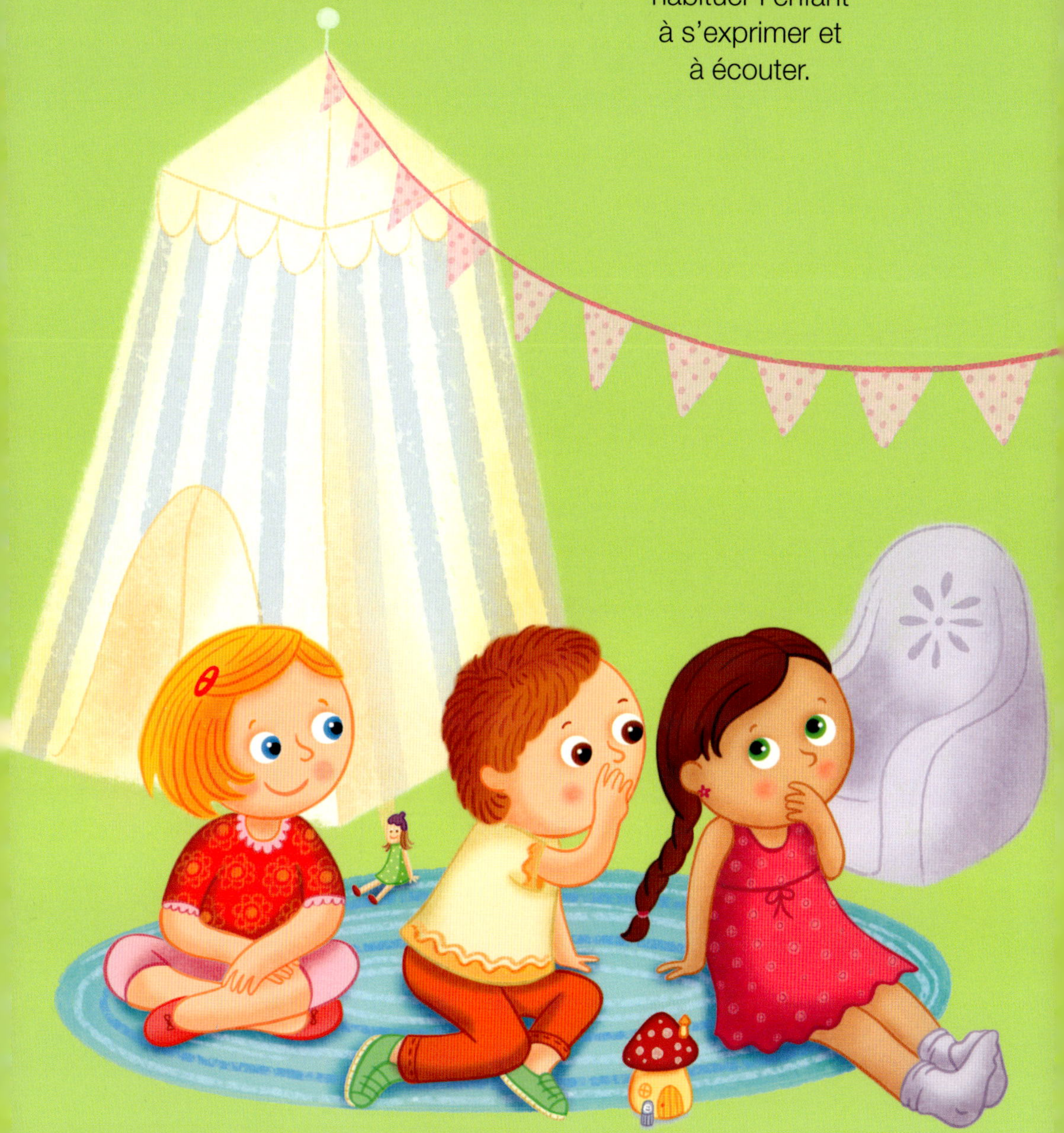

LES ENNEMIS DU DIALOGUE

En tant qu'ami de la sagesse, il faut être prudent, car certaines choses nuisent au dialogue. Je vais te parler de trois d'entre elles :

les conflits et les disputes ;

les mensonges ;

la télévision.

Les conflits et les disputes

Parfois, le dialogue ne fonctionne pas.
On a beau vouloir s'expliquer, on ne fait que se disputer.
Ça peut arriver avec tout le monde – nos amis, nos parents, nos frères et sœurs... – et pour une multitude de raisons :

- parce que ton ami t'a poussé ;
- parce que ta mère t'a grondé ;
- parce que ta sœur a refusé de te prêter son jeu ;
- parce que tu as arraché un jouet des mains de ton frère...

Mais quelle est la bonne façon de réagir lorsque tu sens la chicane arriver ? Le sais-tu ?

- Crois-tu que le fait de crier pour faire comprendre à l'autre que tu es contrarié pourrait améliorer la situation ?
- Penses-tu que le fait de donner des coups de pied dans le mur te permettrait de retrouver ta bonne humeur ?
- Est-ce que bousculer l'autre ou lui faire une grimace serait une bonne idée ?
- Et si tu brisais un objet, est-ce que ce serait une bonne solution ?

Tu te doutes bien qu'aucune de ces réactions n'est recommandable. Au contraire, elles risquent toutes d'envenimer la situation.

Bien souvent, les disputes éclatent parce qu'on ne trouve pas les bons mots pour exprimer ce qu'on ressent. Mais tu sais, la chicane, ça se fait à deux ! Il y a toujours une personne qui la commence, et une autre qui la continue. C'est la raison pour laquelle il faut travailler à deux pour résoudre les conflits et trouver des compromis. Voici quelques trucs qui pourront t'être utiles lorsque tu sens la moutarde te monter au nez.

1. Trouve un endroit tranquille pour te retirer.

2. Respire profondément pour te calmer.

3. Retourne ensuite écouter ce que l'autre a à te dire.

4. Explique à ton tour ce qui s'est passé et comment tu as vécu les choses.

Il arrive à tout le monde de se tromper et de mal agir. Lorsque c'est le cas, il faut s'excuser et trouver les bons gestes pour réparer.

Comment peux-tu redonner le sourire à un ami que tu as fait pleurer?

- Tu pourrais partager avec lui un jouet que vous aimez tous les deux.

- Tu pourrais caresser les cheveux que tu as tirés.

- Tu pourrais remplacer des paroles blessantes par un compliment.

Le plus important à retenir, c'est que tout peut être pardonné lorsque tu t'excuses du plus profond de ton cœur.

Les mensonges

Comme tu le sais, il existe toutes sortes de mensonges. Certains sont le fruit de notre imagination débordante, d'autres sont dits pour éviter une punition, embellir la réalité ou éviter de faire de la peine… Puis, il y a des mensonges sans conséquences et des mensonges qui sont plus graves.

Dans lequel de ces deux cas la vérité est-elle très importante à dire ?

- Mathieu a vu son ami Lucas en train de fouiller dans le sac de son enseignante, et celle-ci lui demande s'il sait qui a touché à ses choses.

- En rentrant à la maison, Sophie raconte à son père qu'aujourd'hui, à l'école, elle a appris à voler comme une fée.

En matière de dialogue, il est toujours préférable d'être honnête, surtout lorsque la sécurité de quelqu'un est en danger. Il est normal de craindre d'être disputé, mais il suffit de te dire que c'est un court instant à passer, et que maman et papa seront malgré tout beaucoup plus fiers de toi si tu avoues la vérité. Et comme tu le sais, cela ne les empêchera pas de t'aimer tout autant!

Tu pourrais alors profiter de ce temps de réflexion pour trouver une bonne action à poser pour réparer ton erreur.

La télévision

La télévision a du bon ! Elle t'enseigne tout plein de choses, ne te dispute jamais et te laisse faire tout ce que tu veux. De plus, elle est amusante et divertissante ! MAIS… As-tu déjà réfléchi au fait qu'elle t'empêche de dialoguer avec tes amis et ta famille ? Même si tu y vois plusieurs personnes en train de parler, aucune d'elles ne peut t'écouter, te féliciter, ni même te consoler…
C'est pour cette raison qu'il faut limiter les heures passées devant la télévision et te concentrer sur d'autres activités qui te permettront de t'amuser, tout en communiquant et en échangeant avec d'autres personnes.

● Crois-tu exprimer plus adéquatement ta préférence pour les contes de princesses et de fées lorsque tu écoutes Cendrillon à la télévision ou lorsque tu inventes une histoire avec ta maman adorée ?

● Crois-tu qu'il est plus facile d'exprimer ton chagrin et tes inquiétudes dans les bras de ton papa ou assis devant une émission de Dumbo l'éléphant ?

La télévision est peut-être fantastique, mais elle n'est pas magique. Elle ne peut pas apaiser ta peine, pas plus qu'elle ne peut guérir tes bobos ou partager ta joie. Rappelle-toi toujours qu'il est bien plus important de raconter ta journée à quelqu'un que tu aimes et de partager de bons moments en famille ou entre amis que de regarder la télé !

En tant qu'ami de la sagesse,
tu sais maintenant comment
dialoguer en t'exprimant et
en écoutant ton cœur et
ton entourage. Te voilà prêt
à cultiver l'art du bonheur !

Catalogage avant publication de Bibliothèque et Archives nationales du Québec et Bibliothèque et Archives Canada

Boyer, Geneviève, 1981-

Mon premier livre de philo
(Collection Zen)
Pour enfants de 4 ans et plus.

ISBN 978-2-89739321-2
ISBN numérique 978-2-89739-322-9

1. Philosophie - Ouvrages pour la jeunesse.
I. Boucher, Nancy, 1969- .
II. Charbonneau, Isabelle. III. Titre.

BD32.B69 2016 j100 C2015-942238-8

Directrice de collection : Françoise Robert
Réviseure : Valérie Quintal
Graphiste : Dominique Simard
Droits et permissions : barbara.creary@dominiqueetcompagnie.com
Service aux collectivités : espacepedagogique@dominiqueetcompagnie.com
Service aux lecteurs : serviceclient@editionsheritage.com

Dépôt légal : 1er trimestre 2016
Bibliothèque et Archives nationales du Québec
Bibliothèque et Archives Canada

Dominique et compagnie
1101, rue Victoria, Saint-Lambert
(Québec) J4R 1P8
Téléphone : 514 875-0327
Télécopieur : 450 672-5448
dominiqueetcompagnie@editionsheritage.com
dominiqueetcompagnie.com

Imprimé en Chine

Nous reconnaissons l'aide financière du gouvernement du Canada par l'entremise du Fonds du livre du Canada et du Conseil des Arts du Canada.

Nous reconnaissons l'aide financière du gouvernement du Québec par l'entremise du Programme de crédit d'impôt – SODEC – et du Programme d'aide à l'édition de livres.